大家小小书
篆刻　王兴家

新编历史小丛书

会馆史略

李乔 著

北京出版集团公司
北京人民出版社

目　录

一、什么是会馆

会馆的性质和名称

明清和民国时代，在京师和全国各地建有很多会馆。直到今天，许多会馆建筑还存在，并作为文物保护单位供人们参观。

什么是会馆?

若单从字面解释，《广雅》曰："会，聚也。"《说文解字》曰："馆，客舍也。"简单说，会馆就是寄寓、聚会的场所。

历史学家何炳棣对会馆是这样解释的："会馆是同乡人士在京师和其他异乡城市所建立，专为同乡停留聚会或推进业务的场所。"《辞源》的解释是："同籍贯或同行业的人在京城及各大城市所设立的机构，建有馆所，供同乡、同行集会、寄寓之用。"这两个解释都很准确，但还需要进一步申说。

设立和使用会馆的人，一般为同籍贯者，或是同行业者，或是同行业兼同籍贯者。同籍贯者，即同乡。所以，同籍贯者设立的会馆被称作同乡会馆，同行业者设立的会馆被称作同业会馆。会馆不仅在京师和省会大城市中设立，许多府、州、县，商埠、繁华镇市、移民居处，也都设有会馆。会馆不仅供同乡之人集会、寄寓之用，还有其他许多功能。

会馆是一种社团，是一种互益性的社会组织。会馆是民办的，是一种民间的自治组织。官员不代表官府所办的会馆，也是民间性质。明人朱国祯《涌幢小品》卷四《衙宇房屋》云：“汉时郡国守相置邸长安，唐有进奏院，宋有朝集院，国朝无之，惟私立会馆。”此谓汉唐宋都有官办的供进京官宦下榻的馆舍，而明代没有，于是民间办起了会馆。可知会馆的民办私立性。设立会馆一般要得到政府的许可，并登记备案，这样可以得到保护。

“会馆”一词，可以做三方面的

理解：一、会馆是一种同乡或同业的组织；二、会馆是同乡或同业组织的机构及所在地；三、指会馆的馆舍建筑。

传统的中国社会，人们的组合有血缘、地缘、业缘等方式。血缘的组合造就了家族制度，地缘和业缘的组合造就了会馆及公所制度。同乡会馆是典型的地缘组合，是以籍贯（乡籍）为本，以乡谊为纽带，建立的一种地域性团体。同业会馆则是以业缘（常兼地缘）为纽带建立的一种行业性团体。

会馆一般都是按照一定地域范围设立的。其范围包括两种：一是按照行政区划设立，一是按照某自然地理区域设立。前者占大多数，后者很少。按行政区划设立的会馆，包括省会馆、府会馆、州会馆、县会馆；按某自然地理区域设立的会馆，如关中、津南、贵西、粤东、湘西等区域所设立的会馆。因会馆常按某行政区划设立，故又被称为“郡邑会馆”。

行政区有大小，会馆也就有了级别，省馆、府馆、州馆、县馆就是不同的级别。级别高的会馆，一般力量（财力、官宦之力等）也大；但有的发达区域的县份所建的会馆力量也不小，如江浙一些县级会馆的财力就不小。

人们如果需要结为较大的会馆团体，那么一定是由在地理、语言、历史诸方面有共同因素的人士组合为一个大的会馆。如广州府的岭南会馆，宁波府的四明会馆，就是由一府之下的几县人士联合组成的。一省之下的两三府人士合组的大会馆，如广肇会馆是由广州、肇庆二府合组的，潮惠会馆是由潮州、惠州二府合组的。如果在某都会中，同省人太少，不能组成有力的会馆的时候，或同省人虽不少，但愿意组成更大会馆的时候，互相临近的二三省人便合组成一个大会馆，如云南、贵州两省人合组的云贵会馆，湖南、湖北两省人合组的湖广会馆。

清代有人著文云："京师之有会馆，犹传舍也。"传舍是古代的旅馆。这是认为会馆如同旅馆。这是不准确的。会馆的功能很多，住宿只是其中之一，更重要的是会馆是同乡或同业组织，是这个组织的办事机构，而传舍则不是这样的。唐人颜师古注解《汉书·郦食其传》“传舍”一词云：“传舍者，人所止息，前人已去，后人复来，转相传也。”可见传舍只是一般供旅人食宿的旅馆，而不是同乡或同业组织。

会馆的命名，有八种情况：

一、在“会馆”二字前冠以地域名称。这个地域名称，或是省府州县行政区的名字，或是某一自然地理区域的名字，前者如安徽会馆、福建会馆、绍兴会馆、潮州会馆、绩溪会馆，后者如关中会馆、津南会馆、贵西会馆、粤东会馆、西西会馆。

二、在“会馆”前冠以行业的名称。如颜料会馆、药业会馆、银号会馆、梨园会馆。

三、旗人设立的会馆称为八旗会馆。

四、一些会馆并不直接称“会馆”，而是因性质、新旧等原因称为试馆、行馆、邑馆、老馆、新馆等，如云亭试馆、棚行会馆、山会邑馆、直隶老馆、泾县新馆等。但在众多会馆中，还是直接称为“会馆”的占绝大多数。

五、以本省别称、地理位置、名胜等为会馆名称。如豫章会馆、山左会馆、山右会馆、河东会馆、酉西会馆、四明会馆、嵩云草堂（河南会馆）等。

六、有的会馆称为“公所”。如绦行公所、糖饼行公所等。

七、在“会馆”前冠以馆内所奉

之神或神庙的名字。前者如文昌会馆、轩辕会馆、长春会馆。文昌是文昌帝君，轩辕是轩辕黄帝，长春是长春真人丘处机。后者如“万寿宫会馆”“天福宫会馆”“哪吒庙绦行公所”。

八、以神庙代称会馆。会馆一般都设有敬神敬贤的神庙、神殿、祠堂。因馆人极尊崇这些神贤，故庙祠的名字常被作为会馆的代用名。如江西会馆又称为万寿宫，福建会馆又称为天后宫，广东会馆又称为南华宫，浙绍会馆又称为越中先贤祠，缝纫业会馆又称为轩辕宫，屠宰业会馆又称为桓侯宫，船帮会馆又称为杨泗庙等。

民国时有一本《闽中会馆志》，序言推测说，会馆之名，起于会馆是专门为科考会试之人所设立的，是“会试之馆”，所以叫“会馆”。这个推测是不准确的。

在历史文献中，名为“会馆”的处所，不一定就是本书所说的会馆。如乾隆时期《吉安府志》所记的青原会馆，就是一处专门讲学聚会的场所，而非同乡同业会馆。

会馆的类别

会馆有若干类别，划分起来可粗可细。早期研究会馆问题的学者吕作燮是这样划分的：“一是北京的大多数会馆，它们是为了给同乡的官僚、士绅和科举之士居停之用。二是北京的少数会馆和苏州、汉口、上海等工商业城市的大多数会馆，它们是工商业者的同乡行帮会馆。三是四川这样的移民会馆。”《中国会馆史》的作者王日根将会馆分为官绅试子会馆、工商会馆和移民会馆三种。以上的划分都是合乎历史情况的，但都是粗线条的划分。

还有一种分类更粗简，就是将会馆划分为两大类：一是同籍贯者的会馆，称为同乡会馆；一是同行业者的会馆，称为同业会馆。

根据我的考察，从整个历史过程及变迁来看，实际上历史上曾经产生过大约八类会馆：

1. 官绅会馆。也叫仕宦会馆、士绅会馆。这是官员和士绅设立的会馆。

2. 试子会馆。也叫士子会馆、应试会馆、试馆、举子会馆、文人试馆、科举会馆。这是供科考的试子寄宿的会馆。

3. 行帮会馆。也叫行业会馆、行馆、工商会馆、商帮会馆、商人会馆、货行会馆。这是工商业行帮设立的会馆。

4. 仕商会馆。这是官员和商人共享的会馆。

5. 八旗会馆。这是旗人（有旗籍的人）专用的会馆。

6. 移民会馆。这是移民在移入地设立的会馆。

7. 同宗会馆。这是有血缘或泛血缘关系的同宗同姓人士设立的会馆。

8. 华人会馆。这是海外华人在异国设立的会馆。

以上各类别的会馆之间，有时并不是截然分开的，而是互有重叠和穿插的。比如官绅会馆和试子会馆，有时就不好分开，因为往往是官绅先设立会馆和先住，后来试子入住，二者均住在同一会馆中。所以，倘若把这两类会馆归为一类，称为“官绅试子会馆”也是可以的，王日根即将此二者归为一类，并用此名。又如，移民会馆里也有官绅会馆、商帮会馆等差别，旗人会馆中又有八旗官绅会馆和一般旗人会馆。

在上述这些会馆中，同乡性的会馆最多，同乡会馆是会馆的主流。

二、会馆的缘起

会馆的缘起，概括来说，与明清以来官僚制度的发展、科举制度的兴盛、商品经济的活跃、人口流动的加速等有密切关系。同时，又与历史上形成的籍贯观念和“传统地域观念”有紧密关系。

明清及民国时代，京师及全国各地的交通、治安、社会服务等方面存在很多问题，一个人孤身到外地，无论是求官、科考，还是做生意，面对陌生的环境、不同的方言、不同的风俗习惯，总会感到孤苦无依，会遇到很多不便和困难，因而特别需要得到别人的帮助，同乡人就是可以借助者，而同乡会馆这种同乡人聚集的互益性组织就更是可以依靠的了。

籍贯观念和“传统地域观念”，是促成会馆之同乡性的主因。千百年来，每一个中国人都在一定的行政区内生活，因而便形成了不同的籍贯，有了“我是某省府县人”的籍贯观念。在这一籍贯的区域内，人们受到特定的自然环境、方言、文化样貌和历史特点的影响，因而形成了一种特定的“传统地域观念”，对于故乡，有一种特殊的感情，对于本地域的人，会产生亲近感、信赖感和互相帮助的愿望，对于外籍人，则会产生隔膜，有时还会产生排外观念。这种籍贯观念和地域观念相当顽强和持久，有很强的作用力。同乡会馆的产生，就与这种籍贯观念、地域观念有极大关系。

具体到每一类会馆的缘起，又各有自己的起因。比如，官绅会馆的产生，与官僚制度有关；试子会馆的产生，与科考制度有关；商帮会馆的产生，与商品经济的活跃有关；仕商会馆的产生，与商品经济的活跃和等级观念的弱化有关；八旗会馆的产生，与八旗制度有关；移民会馆的产生，与移民进入陌生地域有关。

下面就具体分析一下各类会馆产

生的起因。

1. 官绅会馆的产生。按照明清官制，京城以外的省府州县，官衙和官员的住宅是结合在一起的，官员上班与居家都在一处，所以地方官是不愁住处的。而京官特别是外省来京官员在京城住在哪里，就是一个问题了。在汉唐和宋代，外省官员来京师朝觐和办事，都是公家为其准备馆舍的，如汉代的郡国公邸，唐宋的进奏院、朝集院，但明清时则没有这种馆舍。在会馆制度产生以前，京官和外省来京官员都只能自择住处，京官或自购房屋，或租房，外省来京官员则需要租房或住旅店。总之，全要靠自己解决居住问题。这给这些官员带来很大的不便。于是，某些流寓京城的官绅便想出了会馆这个办法，官绅会馆便产生了。

最早在京师设立官绅会馆的，是南方几省的官绅。明代早期官绅会馆的性质，尚属于同乡旅舍兼俱乐部，后来则多转化为官绅试子会馆。清代康雍乾时期是官绅会馆大发展的时期。官绅会馆具有示范效应，其他种类的会馆都是在其示范、影响下产生的。

2. 试子会馆的产生。明清的科举考试，分为县试、府试、院试、乡试、会试和殿试，考试的地点分别为县城、府城、省会和京师。考生到了考点城市以后，需要有个住宿的地方。在会馆制度产生以前，试子大多是租住民户客房，即所谓“状元店”“状元吉寓”之类，但这种客舍一般租金较高，常使试子感到阮囊羞涩。还有的试子“馆于其乡在朝者之邸第”，即暂时居住在京师同乡官宦的家里，但这很不方便。所以，试子们迫切需要有一个更为适宜的住处，这就催生了为接待科考士子而设的试子会馆，即试馆。由于科考是分级别的，所以在京师、省会、府城、县城都有试馆的设立。

乾隆六年《重续歙县会馆志》所载会馆章程云，会馆“创立之意，专为公车及应试京兆而设”。可知该会馆是专门为同乡试子设立的会馆，即试馆。许多试馆是由官绅会馆转化而来的。当住在官绅会馆里的官吏看到本乡赴京考试的举子四处奔波，无处可住的时候，非常同情，便把自己所用的会馆提供给同乡举子居住，随着时间的推移，同乡举子的入住成为常态，官绅会馆也就演变为试馆了。演为试馆后的会馆，官绅当然还是可以住的，只是在科考期间试子优先居住。此时的这种会馆，实际已经是官绅和试子共住的“官绅试子会馆”了。官绅会馆转化为试馆这种现象，在明代已经产生，但在清代日益普遍。

3. 行帮会馆的产生。行帮是同一行业（或兼同乡、血缘）的人为了维护自己的利益而结成的小团体。就行业分，有商帮、手工帮、苦力帮等；就地域分，有本帮和客帮。明清以前的行帮组织称为“行”，封建性较强，明清时期商品经济空前发展，资本主义萌芽露头，工商业者的组织也有了前所未有的发展，这就催生了行帮会馆的产生。京师以外工商业城市的会馆多属于行帮会馆。行帮会馆具有行会的性质，但较前代的行会更高级，对于维护工商业者的利益，作用也更大。

4. 仕商会馆的产生。在早期，官绅会馆与行帮会馆是畛域分明的，官绅与商人，即使是同籍贯的人也不愿住在同一个会馆里。但随着商品经济的活跃，“士农工商”等级观念的逐渐弱化，同一乡籍的官员和商人，也逐渐可以在一个会馆里住了。从许多会馆的碑记看，官员参与甚至主持行帮会馆已屡见不鲜，修葺会馆也常常是同籍的官员与商人共同出资。如江苏省吴长元三县在北京设立的会馆，原是商人建造的，但后来就由同乡的仕商共同出资修葺了，在住宿上当然也就不那么畛域分明了。又如南京的中州会馆和江西会馆，也都是仕商合建合用的会馆。这就形成了一个新的会馆类别：仕商会馆。

5. 八旗会馆的产生。八旗制度是清代的产物，所以八旗会馆只见于清代。晚清，旗人在南方当官的多了，需要有会馆居住，八旗会馆便出现了。八旗会馆的居住者都是旗人，而且一般都须是八旗官员才能入住。旗人喜好玩乐，所以何炳棣认为：“各省垣及较大都市的‘八旗奉直会馆’几无不皆系满、蒙、汉军八旗文武游宦之人的俱乐部。”福州鼓楼区有一座八旗会馆，起先为明代太监高寀住所，名为“中使园”，几经废建，清中叶改建为八旗旅闽官员的会馆，后来逐渐向一般旗人开放。

6. 移民会馆的产生。移民会馆是明末清初“湖广填四川”等各路大移民的产物。移民到了新的地域，人生地不熟，甚至环境险恶，为了不受土籍人和他乡移民的欺负，就需要抱团互助，所以便设立了许多同乡性移民会馆。

7. 同宗会馆的产生。这种会馆是血缘或泛血缘性的，如台山旅港陈氏会馆、四邑周氏会馆等。这种会馆的入住者，都是有一定血缘关系或同宗同姓的人士。“某氏至孝笃亲总会”也属于这种会馆。中国人极重亲情，重视孝道，宗族观念甚重，这是同宗会馆产生的根源。

8. 海外华人会馆的产生。近代以来国门洞开，大批华人向海外移民。在日本、东南亚、北美、欧洲等地，华人建立了许多会馆，并把国内会馆的规矩和习惯带到了海外。例如，美国旧金山虽设有代表整个华人的统一组织“中华会馆”，但其内部的组织却是同乡性的，有八个同乡会馆，每个华人都分隶于自己所在籍贯的会馆中。在组织上，除全体华人之事由八位同乡会馆的主席集议外，平时各会馆各自为政，“一切大小事，大率决于各邑之本会馆。苟非关于华人全体之利害，或甲乙两邑交涉者，不集‘中华（会馆）’”（梁启超

《新大陆游记》）。可见海外华人会馆在内部也是讲籍贯，讲地域的，其同乡性与国内同乡会馆是一样的。

三、会馆产生的时间与消亡

会馆是中国特定历史发展阶段的产物，其起源、渐兴、繁盛和衰落，经历了一个漫长的过程。

民国时有人说，两汉京师的郡邸“犹今同乡会馆也”。这是不准确的。那时的郡邸大体相当于各郡在京师的办事处，与具有多元功能的同乡会馆是不同的。且从公私角度说，郡邸是公立的，同乡会馆是私立的、民间的。还有学者认为，宋代曾出现过“待试房舍”，即专供应试举子租赁的馆舍，应属早期的“试馆”。这种说法有一定道理，但“早期”还不是真正意义上的会馆。

会馆始于明代，兴盛于清代中晚期，衰败于清末与民国末年，上世纪五十年代在大陆地区消亡。现在只有台港澳和海外还有一些会馆存在。在中国历史上，会馆大约存在了五百多年。

会馆始于明代何时？最早在哪里出现的?

明人沈德符《万历野获编》卷二十四《畿辅·会馆》云：

京师五方所聚，其乡各有会馆，为初至居停，相沿甚便。

这条史料说明，明代万历年间，五方之人所聚的北京，就已是同乡会馆丛集的地方了。

但万历年间还不是最早产生会馆的时候。明人刘侗、于奕正《帝京景物略》卷四“嵇山会馆唐大士像”条云：

> 尝考会馆之设于都中，古未有也，始嘉、隆间。盖都中流寓十土著，游闲屣士绅……惟是四方日至，不可以户编而数凡之也。用建会馆，士绅是主……继自今，内城馆者，绅是主，外城馆者，公车岁贡士是寓。其各申饬乡籍，以密五城之治……

从这条史料看，会馆始于明代嘉靖、隆庆年间，北京是最早出现会馆的地方。当时京师内城的会馆主要是来京的地方官绅居住，外城的会馆主要是进京参加科考的试子居住。

民国以来，早期的会馆研究者大都根据《帝京景物略》，将会馆初始的时间，定在明代嘉靖、隆庆年间。但后来有的研究者在翻阅地方志的时候，发现了一条材料，将会馆的初始时间向前推移到了明初。

民国1919年《芜湖县志》载：

> 京师芜湖会馆在前门外长巷上三条胡同。明永乐间邑人俞谟捐资购屋数椽并基地一块创建。

永乐，是明成祖朱棣的年号，时在1403年至1424年，早于嘉靖、隆庆年间100多年。这也就是说，早在明初永乐年间，北京就有会馆产生了。这座芜湖会馆设在前门外的一条叫长巷上三条的胡同里。这条胡同属于菜市口地区，离明清时有名的鹤年堂药店不远。这座芜湖会馆的设立，起了很大的示范效应，各州县在京城的仕商起而效仿，京中的会馆便逐渐多起来了。

芜湖会馆的创建者叫俞谟，他起先在南京任户部主事，迁都北京后转任工部主事，掌管工程类的事务。他是安徽芜湖人，因为看到芜湖籍做官的老乡在京办事时没有住宿的地方，便起了设立个同乡馆舍的心思。芜湖籍京官办芜湖会馆，这所同乡会馆便诞生了。这是一所官绅会馆，而不是试馆。那时，试馆恐怕还没有出现。

会馆的衰败，在清末和民国末年。清末废除了科举制度，试馆便没了存在的理由。清晚期至民初，行帮会馆逐渐被新式的工商联合会取代。全国解放以后，各地会馆逐渐演变为民居杂院。

四、会馆的建立

乡谊与资金

会馆的建立，需要两个条件，一是观念条件，二是物质条件。观念条件，就是建馆者要有同乡观念、行帮观念，同乡之间要讲“乡谊”，工商业者之间要讲共同行业利益。没有观念条件，人们不会齐心建馆。物质条件就是建馆要有一定的财力。

所谓乡谊，就是同乡之间的亲近

和信赖。乡谊常被渲染为“桑梓弟兄”和“异乡骨肉”。京师福州会馆有一副对联云：“万里海天臣子，一堂桑梓弟兄。”京师绩溪会馆建馆序文云：“凡人入他国，见同国之人而喜矣；人入他乡，见同乡之人而喜矣。以素昧生平，不习名姓，一旦询邑里，辄如骨肉相遇。”可见乡谊被看得有多重。正是乡谊这种纽带，把同乡人聚集到了一起，共同筹划、集资，建立起只供本乡人住宿的同乡会馆。行帮会馆主要以共同行业利益为纽带，但也常兼有乡谊纽带。

会馆是集体性的馆舍，是许多人寄寓的地方，面积不能太小，会馆又须有聚会、娱乐及储货等功能，馆舍总是越大越好。这就需要具有相当的财力才能建起会馆。会馆馆舍的来源有两种，一种是财力雄厚的官宦、富商捐出自己的房产用作会馆，即“舍宅为馆”，一种是购买现成房产或完全新建馆舍。购买房产或新建馆舍的经费来源，一种是独资，一种是集资。建立大型的馆舍，一般都需要集资。

“舍宅为馆”的例子，相传明代丞相张居正捐出私宅修建了全楚会馆，明清时福建籍的高官叶向高、李光地、蔡新等都曾“舍宅为馆”。独资捐建会馆之例，如上举明代永乐年间北京的芜湖会馆，就是由曾任北京工部主事的俞谟独资购房捐建的。

清代京师的安徽会馆和长沙郡馆都是具有相当规模的大会馆，都是集资建成的。安徽会馆建立时，首倡者“登高一呼，和者百应”，“皆有桑梓”，大批皖籍高官和淮军将领捐款（《安徽会馆志·自序》）。长沙郡馆建立时，“合郡人文，会逢其盛，同心协力，欢然交忻，莫不踊跃捐输”（《京师长沙郡馆志》）。北京的湖南会馆，是维新志士谭嗣同的父亲、户部主事谭继洵等官员集资建立的。湖南西西会馆，是由辰州、沅州、永顺、靖州四府在京人士集资建立的，是湘西十三县的会馆。

会馆的建筑

会馆的建筑有大有小。狭隘的不过一个三合院、四合院之类，也就八九间、十几间房子，如北京棉花胡同的江西吉安惜字会馆，仅有九间房屋。阔大的可以是几重院落，房屋在百间以上，如北京的安徽休宁会馆由十多个院子组成。康有为住过的南海会馆，最后发展为13个院落，190多间房屋。

比较好一些的会馆建筑，一般都能满足会馆的各项功能。全汉升《中国行会制度史·会馆的组织》谓会馆的建筑云："会馆的构造颇为复杂，约分下列各部分：1. 司事房，2. 神殿，3. 戏台，4. 花厅，5. 客厅，6. 厨房，7. 丙舍（停柩用），8. 义塚。"这是标准的符合会馆功能的建筑格局。总的来说，会馆的建筑一般要包括馆人居住的房屋和聚会、待客、议事之用的厅堂，有条件的还要建神殿、祠堂、戏楼等建筑，更好的还建有供赏心休憩之用的假山、亭池等。民国李景铭《闽中会馆志》描述了京师的福建省、府、县三级共22所会馆的建筑情形，馆中都有正厅、厢房、神殿、戏楼等建筑，完全能够满足会馆的功能需要。

试馆为表彰历届中式的试子，鼓励正在备考的试子，常在会馆中设立“科名录”，将历届考中的试子的名字展示出来。如北京绍兴会馆就在东南跨院的甬道墙壁上镶嵌了《绍兴府历届中式者科名录》。

明清北京是首都，高官显宦和文化名人多，他们的房舍一般比较好，北京许多会馆都是由这些高官名人的故宅或祠堂转化而来的。如江西会馆的前身是抗元民族英雄谢枋得的祠堂，浙江试馆的前身是明代民族英雄于谦的祠堂，东莞老馆的前身是明末民族英雄袁崇焕的祠堂，休宁会馆的前身是明代相国许维桢的宅邸，东莞新馆的前身是清代封疆重臣年羹尧的宅邸，广州会馆的前身先后是清初戏剧家李渔和大学者杭世骏的故宅，宣城会馆的前身是清初诗人施愚山的故宅，安徽会馆的前身是清初学者孙承泽的故宅，顺德邑馆的前身是清初文学家朱彝尊的故宅，太原会馆的前身是清初经学家阎若璩的故宅，番禺会馆的前身是清代思想家龚自珍的故宅，宜昌会馆的前身曾是清末学者杨守敬的故宅。会馆设在名人故宅之上，这是一件让馆人自豪的事。

一般来说，只要建馆资金充足，对于会馆建筑，馆人必追求高屋华构，堂皇悦目，因为他们认为这样能为家乡增光。清代北京的湖广会馆，建筑主体宏大，楼阁高敞，乡贤祠、文昌阁、宝善堂、楚畹馆、风雨怀人馆、戏楼等建筑庄重雅致，山石亭林清雅宜人，是一座会馆建筑的杰作。最有特色的会馆建筑，往往不是由老宅改成的，而是新建造的会馆，因为新造的会馆可以完全按照馆人自己的审美爱好来设计。许多行帮会馆的建筑都是新设计的极有特色的会馆建筑。

不少会馆在建筑风格上呈现园林化的趋向。如京师安徽休宁会馆建成后，花园面积达九千多平方米，内有云烟收放亭、子山亭、假山、池水等。大名士李慈铭对馆中的“清池曲栏，重杨映之”赞赏有加，曾在馆中宴请朝鲜客人。

行帮建立会馆，都把会馆建筑当作显示自己经济实力的标志物，所以只要资金允许，就会把会馆建得相当豪华，而且随着经济实力的增长而不断扩建。开封山陕会馆初建时，只有接檐香亭五间，旁构两庑，前起歌楼，外设大门，后来不断重修，最终形成一组壮丽的建筑群体，包括照壁、戏楼、钟楼、鼓楼、牌坊、厢房、拜殿、卷棚、大殿和东西跨院。跨院有上房、卷棚、廊房和唱堂会的堂戏楼，自成一体，精巧玲珑。整个会馆建筑比起同在开封的著名的大相国寺来，还要豪华富丽，特别是其建筑装饰艺术，堪称省城之冠。成都平原上的许多移民会馆也是竞尚豪华，有诗咏道："争修会馆斗奢华，不惜金银亿万化。"

许多会馆建筑都挂有对联，从中可以看出馆人的心理和追求。如山东聊城山陕会馆的戏楼有一副对联云："宫商翕奏，赏心是金榜题名洞房花烛；扮演成文，快意在坦道骏马高帆顺风。"上联意为，吹奏着和谐美妙的音乐，赏心之事是科考高中和娶个颜如玉的媳妇；下联意为，人生如戏，快意的是骑着骏马在坦途上迅跑，人生一帆风顺。明清时代试子和大众的人生观尽在其中了。

五、会馆的功能和活动

会馆的功能是多元的，除了解决同乡人住宿这个最基本的问题外，还具有多方面的功能，还开展一些活动，总之，会馆能够满足馆人多方面的需要。

关于会馆的功能和活动，许多会馆碑记和会馆志上都有记述和说明。有的碑记说，会馆的功能是“迎神庥，联嘉会，襄义举，笃乡情”，有的碑记说，会馆是用来“祀神、合乐、义举、公约”的场所。

“迎神庥”“祀神”，就是馆人祭祀自己所敬奉的神祇；“联嘉会”“合乐”，就是聚会和娱乐；“襄义举”，就是帮助同乡解决困难；“笃乡情”，就是敦睦乡谊，联络乡情；“公约”，就是敦促同乡要遵守规约，维护集体利益。

有的现代学者还将会馆的功能归结为两大项：一、会馆是“同乡送往迎来的基本场所”；二、会馆是“寓外人士亲情乡情的依托处，是家乡故园的浓缩地”。

这些碑记和归纳，基本概括了会馆的功能和活动。但还需要做一些具体的说明。

一、住宿。为寓外的同乡同业人

士提供食宿之处，是会馆最基本的功能。这个功能与一般旅店没有什么不同，差别只是所接待的对象不同，旅馆接待的是社会上所有人士，会馆则限定为某些人群，接待的是同乡或同业人士，包括官绅、试子、行帮人员、旗人、同宗人士等。

二、宴集、娱乐、庆贺。逢年过节或遇到喜庆之事，会馆要举行宴集活动和庆贺仪式。会馆一般都设有聚会厅堂和厨房，以备欢宴之用。为了娱乐，许多大一些的会馆都建有戏楼、亭台、廊榭、水池、假山等可供娱乐、游憩的设施。会馆更是庆贺活动的场所，如果本乡试子有人考中了状元、榜眼、探花，会馆必会组织一场庆典。

三、联乡情，敦乡谊。会馆是联络乡情、敦睦乡谊、化解乡愁之地。晋商会馆有碑记云：“同乡偕来于斯馆也，联乡语，叙乡情，畅然荡然。不独逆旅之况赖以消释，抑且相任相恤”，“无去国怀乡之悲”，“虽在异地，宛若家乡”。为了敦睦乡谊，增进同乡感情，会馆常会安排一些活动，如每到年节或科考结束，同乡都要聚集在会馆里举行团拜和庆贺活动，饮宴欢聚，看戏娱乐，畅叙乡情。正如《燕都杂咏注》所记：北京“外城有各省郡邑会馆，每年新春团拜，及公车庆贺，俱于此演剧，所以敦桑梓也”。

四、聚会、议事。会馆的馆舍为众多同乡同业人士提供了聚会、议事的条件，有的会馆建得宏敞宽阔，完全可以作为会堂使用。官员可以在会馆里谈论政情、发表政见，试子可以在会馆里交流科场信息，工商业者可以在会馆里交流商情，商讨生意。行帮会馆作为商务机关，还具有协调商务关系和裁决商业纠纷的功能。

五、祭祀。住馆的官绅、试子和工商业者，都有祭祀乡神乡贤的需求。他们远离家乡，求官求财求中式，特别希望得到神祇的保佑、慰藉和乡贤的榜样力量，所以对祭祀一事特别重视，他们还将神贤作为彼此认同和团结的象征。会馆一般都建有神庙、神殿和祠堂，供馆人祭祀之用。有些会馆的主体建筑就是一座神庙或祠堂。没有独立神庙的会馆也要在堂屋中设置神像、牌位。

六、慈善救助。会馆的慈善救助分为对内和对外两个方面。对内，如果是住馆的同乡同行遇到了生活和业务困难，馆方和同乡同业中人，会尽力给予帮助。“患难疾病相维持”是同乡馆人互助的惯例，有些会馆还备有治病基金。会馆一般都设有义园，专门安葬客死而不能归葬的同乡同业。有的会馆还举办义塾和学校，为旅居者子弟提供受教育的机会，甚至资助科考的费用。对外，如果有同乡失业者、流浪者前来求助，会馆会尽力帮助介绍职业或资助返乡路费，使其不致流落街头。如果遇到家乡受灾或修庙、修桥补路，有的会馆还会组织馆人捐资。

七、储存货物和设市。许多行帮会馆都有储存货物的功能。有的商帮会馆还有设市功能。如《山右临襄会馆为油市成立始末缘由专事记载碑记》云："油市之设，创自前明。后于清康熙年间，移至临襄会馆，迄今已数百年。该馆极宏敞，可容数百人，最宜建为商市。然实因管理得人，苦心筹划，力为布置，用多数之金钱，成宽阔之地基，使同行无不称便，实为吾油市之幸。"宽敞的会馆成了商业集市的场地。

六、会馆的规章

会馆虽是同乡或同业所居，相对比较容易管理，但作为一个组织，一个非固定人员的住所，必须有规章制度的约束。会馆规章是关于内部管理和保持馆务正常运行的共同规范，其文书形式称为“章程”“细则”等。所有的会馆都有规章制度。

会馆的规章并不是划一的，各会馆都会根据自己的特点设置条目，但大同小异。不同类型的会馆之间差异会大一些，如官绅试子会馆与行帮会馆之间的规章差异就会大一些。但只要是会馆，其规章的最基本的内容都是差不多的，不外乎组织架构、住馆人员的管理、会馆的功能与活动、财产管理、违规处罚等几个方面。具体来说，比如，关于会馆的名称、何人可以进住会馆、会馆的领导机构及选举法、管理人员的分工与职责、会馆开会的规定、会馆钱财的收支办法、对违规者的处置、住馆人员必须遵守的细则，等等。

兹录民国年间北京福建泉郡会馆《会馆章程》和《住馆细则》中的若干条目，以见一般会馆规则的概貌。

1. 本馆定名为泉郡会馆。

2. 本章程所称同乡，以泉属各县旅平同乡为限。（**注：泉属各县计包括：晋江、南安、惠安、同安、安溪、思明、金门。**）

3. 本馆设执行委员会五人，由大会选出，其职务由各委员互选之。

4. 执行委员会分会计、庶务、文书、交际、保管，其任务如下：会计，掌本馆一切收入支出及租折等。庶务，招待来平同乡，管理本馆器具，遇应添置物件及修葺房屋义地时，均须布告执行委员会，并办理一切。文书，担任来往文件。交际，担任对外一切事宜。保管，保管存折图章契据等。

5. 本馆团会每年二次，在国历元旦及国历六月间举行之。

6. 本馆委员如有违法时，得由同乡四分之一以上提议召集大会公决。

7. 住馆同乡，私自添置家具及裱糊房屋，应由本人负担，不得动用公款。

8. 凡非泉属各县同乡不得住馆，但仆役不在此限。

9. 住房以先后到馆为序，不得争执。

10. 住馆同乡须按月缴纳所应缴之费用。

11. 凡同乡在平每月所得在

一百元以上之收入者，不得住馆。

12. 凡住馆内同乡，不得有不良行为，如妨害公共卫生及安宁，嫖妓、吸鸦片及其他一切不法行为，违者执委会随时令其出馆。

13. 本馆差役有不称职时，住馆者得随时训斥之。其情节重大者，应报告执委会处理之或革除之。

“泉郡”即福建泉州，“平”指北平。从这些规章、细则可以看出，会馆是一种组织性颇强的团体，是有领导机构的，入住同乡会馆是要严格执行同乡标准的，会馆的管理是严肃而细致的，会馆是有一定财产的，住会馆是要付一定费用的，每一个会馆成员都要恪守会馆的规矩，否则就要受到处罚。

住会馆一般是要收费的，如泉郡会馆即如此。但会馆收费肯定要比旅店少。也有的财力雄厚的会馆住宿不收费。如果住馆者与馆中负责人相熟，受到关照，那么就可能免费了。作家沈从文来北京住在西西会馆时就没有付费，原因他这样说："照当时习惯，初来北京升学或找出路，一般多暂住在会馆中，凡事有个照料。我因和会馆管事有点远房表亲关系，所以不必费事，即迁入住下。乍一看本是件小事，对我说来，可就不小，因为不必花租金。"会馆收费的标准有高有低，设施好的自然收费高些，反之就低。晚清民国年间北京宣南一带有不少报馆，清贫的编辑、记者就多住在报馆附近廉价的会馆中。

会馆的领导机构叫法不一。泉郡会馆叫“执行委员会”，还有的会馆叫“理事会”“董事会”等。会馆的总负责人，从一些会馆的章程上看，一般叫“会长”“馆长”，或叫理事长、董事长、主任委员、主席等。总负责人由馆人推选产生。会馆的勤杂人员称为“长班”或“馆役”，是雇佣的，许多是几代相传。

会馆对于馆内活动的管理一般比较具体，如团拜活动就有细密的规定。福州两广会馆的规定云：

> 二月初三日恭祝文帝圣诞兼行团拜：凡我同人届期衣冠齐集会馆，准于辰刻行礼，彩觞同叙，每位份金钱二千文，各按官阶递加，预早交足，以便备办祭品酒席戏价之需。

对于团拜的时间、衣冠、行礼、份子钱等都做了规定。份子钱是按照官阶高低规定的，资多多出，资少少出。这种规定，能最大限度地凝聚同乡，有利于位低者积极参加会馆活动，产生对会馆的向心力。

据说在北京，许多省级会馆都有一项规定，馆中一般不能住客，会馆主要是为本省在京的高官显贵聚会、接风、应酬、团拜、娱乐使用的，这种会馆很像是“同乡高干俱乐部”。但一般同乡也可以租赁会馆举办各种类型的宴会。省级会馆实际是在京同乡的总联谊处。

七、会馆的精神偶像

敬神敬贤，是会馆中人不可缺少的精神需求。这些神贤是他们的精神偶像。包括两类：一类是乡神、先贤；一类是行业神和财神等。

乡神，也叫乡土神、地方神，被认为是保佑一乡之神；先贤，以乡贤为主，被认为是感召乡人的榜样。乡神和乡贤都被作为乡土认同的象征。许多乡神、乡贤是“一体而二任”的，如四川会馆所奉的川主李冰，既是乡神，也是乡贤。各地会馆所奉的比较有名的乡神和乡贤，如湖广会馆所奉的禹王，江西会馆所奉的许真君，福建会馆所奉的妈祖，山西会馆、陕西会馆所奉的关羽，浙江会馆所奉的伍子胥和钱镠，广东会馆所奉的六祖慧能禅师，云贵会馆所奉的南霁云常，安徽会馆所奉的包拯、朱熹，长沙会馆所奉的李真人，绍兴会馆所奉的蕺山先生刘宗周，等等。

北京直隶会馆的祠堂里供奉四类先贤，一是“历代圣贤”，有伯夷、叔齐、韩愈、董仲舒；一是“历代忠义”，有杨继盛、史可法；一是“历代名臣”，有乐毅、李牧、廉颇、蔺相如；一是“历代独行”，有扁鹊、毛遂。这些历史上的圣贤名臣，都是馆人仰慕和效法的榜样。

参加科考的试子特别重视奉祀科举之神文昌帝君和魁星。文昌帝君是道教尊奉的掌管士人功名禄位之神，魁星是主宰文章兴衰之神，他们在试子的心目中，具有极崇高的地位，试子们祈望通过敬奉文昌帝君和魁星得到保佑，从而在科考中取得优异成绩。

工商业者祈望发财，祈望本业本帮兴旺，所以最重视在会馆里奉祀行业神和财神。行业神数量极多，包括祖师神和单纯保护神。几乎每个行业都有自己的祖师神，如建筑业奉鲁班为祖师神，铁业奉老子为祖师神，酒业奉杜康为祖师神，茶业奉陆羽为祖师神，染业奉梅葛二仙为祖师神，缝纫业奉轩辕为祖师神，绦带业奉哪吒为祖师神，关羽被商帮奉为信义之神，等等。行业神是行业的旗帜，起着凝聚、团结本业本帮的作用。单纯保护神即财神等，财神包括文财神比干、武财神关羽等。

由于神祇乡贤是会馆中人的精神偶像，所以在会馆建筑中，供奉这些神祇乡贤的祀所，如禹王宫、妈祖殿、关帝庙、鲁班殿、桓侯宫、哪吒庙、包拯祠、仰蕺堂等，一般都在会馆中占据最重要的位置。有的会馆远远望去，好像就是一座大庙，如重庆的湖广会馆，馆中的主要建筑禹王宫高大雄伟，使人恍然感觉湖广会馆就是一座庙。没有专门神庙的会馆，供神的祀所也在会馆中占据显要位置，如苏州的安徽会馆“于馆之中堂，并为两公（包拯、朱熹）神主”（《新建安徽会馆碑记》）。

八、会馆的分布与数量

空间分布

从全国范围来看，会馆的空间分布有以下特点。

1. 在会馆存在的几百年中，会馆几乎遍布全国各地，北至东北、内蒙、宁夏，南至福建、广东、台港澳，东至沿海，西至甘肃、新疆，都曾建有会馆，只是分布有密有疏。

2. 京师、省会、府城、州县城、

商埠、码头、繁盛的工商市镇，总之，人烟稠密、政治经济发达的地方，就是会馆分布最多的地方。东部的江南和东南地区，沿海、沿江和沿河地区，会馆分布较多。长江中上游的几个城市和汉水流域的城市，会馆分布较多。有的边远县份，由于经济发达、交通便利等原因，也是会馆密集，如位于云南东北部的会泽县，曾建有几十座会馆。

西部的云贵陕甘青，地处边远，交通不便，经济文化欠发达，会馆分布就少。

3. 有科举考试考点的地方，往往设有试子会馆。京城、省会、府城、县城都是这样。

4. 工商业发达的地区，行帮多的

地方，工商会馆就多，行帮的足迹就是行帮会馆的分布图。北京、上海、苏州、汉口、佛山等都市，工商会馆都多。工商业城市的会馆，多是工商会馆。工商业都市也是仕商会馆最多的地方。

5. 北京是会馆最集中、最密集的地方。北京的会馆种类最多，有官绅会馆、试馆和工商会馆等，其中以官绅会馆和试子会馆的数量最多。全国大量省府州县在北京设立过会馆。

京师会馆的分布状况是：

甲，明代时，官绅会馆在内城，试馆在外城。

乙，清初，满汉分城居住制度使内城会馆尽废，会馆都建在了外城，即前三门外。官绅会馆和试馆主要分布在外城西部的宣武门外，即宣南；行帮会馆主要分布在外城东部的崇文门外。东部会馆远不如西部会馆密集。

丙，北京南城的会馆密布，有不少条街满街都是会馆。宣外大街有22所，珠市口大街有17所，广安门大街有9所，粉坊琉璃街有17所，珠市口东大街有9所，前兵马街有7所，福州馆街有6所，管菜园街有6所，珠巢街有5所，保安寺街有6所，南横东街有6所，南横西街有6所。

6. 四川是移民会馆最多的地方。成都府移民会馆的分布特征是：甲，“县县有土话，处处有会馆”，移民会馆遍地都是，往往一县竟有会馆数十之多。乙，商业区会馆多。丙，大城镇的会馆多分布在衙署等权力机关四周。丁，有的地方是先有会馆，再有城市街道。重庆地区的会馆曾有近千所之多，遍及县城、场镇、码头，保存至今的有一百多所。

北京的会馆数量

在会馆产生的这几百年中，究竟建立过多少会馆，是难以统计出精确数字的，总之是极多的。有些研究者对某一区域在一定时间段里的会馆数量做过统计，为我们留下了珍贵的史料。以北京为例。

清人吴长元《宸垣识略》记载，

至乾隆年间，北京的会馆共计182所。

光绪年间出版的李虹若《朝市丛载》记载，北京的会馆有392所。

清末朱一新、缪荃孙《京师坊巷志》统计北京的会馆为391所。

徐珂《清稗类钞·宫苑类·会馆》云：北京的会馆“或省设一所，或府设一所，或县设一所，大都视各地京官之多寡贫富而建设之，大小凡四百余所”。

光绪《顺天府志》记载，北京大小会馆共计414所。

民国年间美国社会学家锡特尼·D.甘布尔（Sidney D.Gamble）实地调查了北京的会馆，统计为413所。

1949年11月北京市人民政府民政

局《会馆调查报告》统计，北京的会馆为391所，其中明代建的33所，清代建的341所，民国建的17所，明清两代所建的会馆占95%以上。

李华《明清以来北京工商会馆碑刻选编》统计北京的会馆为392所（称“公所”“公会”者不在此数之内）。

吕作燮根据日本学者仁井田陞《北京工商基尔特资料集》等书，统计北京的会馆为445所。

王灿炽《北京湖广会馆沿革述略》谓：“清末民初，北京的举子会馆约有425所；工商会馆约有32所。以上两种会馆合计为457所。”

《北京市宣武区志》统计：“至清末民初，宣武地区170条街巷中建有会馆551处，其中明代33处，清代至民国初年478处。”

总之，到了晚清民国，北京的会馆数量大约有400至500所。

有的地域的人群，安土重迁的观念较轻，而惯于行走四方，争雄天下，这种地方的人群在外地所建的会馆就多，如江西士商就是典型。明清时，江西人在北京做官、经商的人很多，故北京的江西籍会馆也多。雍正朝江西籍大学士朱轼说：“前朝吾乡在京会馆最多。”民国时有人统计，在北京400多所会馆中，江西的会馆就多达65所，为各省在京会馆之冠。又据统计，江西商帮在全国所建的会馆最多时达1500所。

经济文化比较发达的省府县份，

一般在外地做官、科考和经商的人就多，那么该省府县份在外地所建的会馆一般就多。如广东顺德县自古经济发达，商业繁荣，文教鼎盛，所以一个县就在京师建了5所会馆。

九、一所不寻常的官绅会馆

天子脚下的北京，也是官员的天下，在京做官和来京候选、办事的官员，不可胜数，这就造成了北京的官绅会馆数量极多。明代早期的官绅会馆，都是同乡旅舍兼俱乐部性质。清代，这种官绅会馆多演变为试馆，即官绅试子会馆。

但清代还有一种官绅会馆，其建馆的背景和作用，与普通的官绅试子会馆有很大不同。晚清北京的安徽会馆就是一所具有深厚政治背景，又具有相当政治影响力的官绅会馆。

这所会馆的建立，既与晚清的政治形势有关，又与李鸿章欲加强皖系集团的团结，发展皖系集团政治势力的目的有关。李鸿章在晚清政界，一向以地域观念重著称，“用人唯乡”是他在军政两界用人的一贯原则，建立淮军也是这种观念的产物。建立这所安徽会馆，他的地域观念起了很大作用。

安徽会馆建立的历史背景是，湘军和淮军平定太平天国以后，皖籍人士以军功得富贵者甚多，簪缨满朝，冠盖塞途，李鸿章看到“大功告成，文武奋兴”，希望皖籍官员和淮军将领能够继续以乡谊抱团，延续以往的集团性，而若在京师设立一个省级会馆，就等于有了一个皖系集团的据点，就能够有力地增强皖系集团的力量，于是安徽会馆应运而生。清史学家戴逸认为：“安徽会馆的建立，标志着晚清淮系政治势力的崛起，它成为淮系文武官僚在北京活动的大本营。”

安徽会馆的建立，首先是由皖籍京官吴廷栋、鲍源深等人倡议的，他们写的《倡议书》得到了众多皖籍官绅和淮军将领的响应和支持，李鸿章对这一倡议也深为重视和赞成。李鸿章及其兄李瀚章拿出了相当数量的银两作为建馆经费，众多皖籍官绅和淮军将领也随之纷纷解囊捐资。

安徽会馆的《公议条规》第一条

规定：“省馆之设，为敦乡谊。”这可不是一般的敦睦乡谊，而是为了保持皖籍官绅及淮军将领彼此之间的团结，实际是保持集团性。

规章又规定了住馆者的范围：“凡同乡文武官来京陛见、送部引见者，均可住。惟房屋不多，似宜稍存限制。文自实缺州、县以上，武自实缺副、参以上（道、府不必实缺），学差、试差回京，于复命前三日，亦可住。皆不准携带家眷。……其候选人员、会试公车及挟资捐官者，概不得与。”（王灿炽《安徽会馆志稿·规章》）可以看出，安徽会馆的住馆资格是相当高的，不到“县团级”是休想入住的。这条馆规特别写明“会试公车”

即参加科考者不许入住，说明安徽会馆完全是一所官绅会馆，而不具有试馆的性质。

自安徽会馆创立以后，清末民初，安徽籍的达官显宦、文人墨客如李鸿章兄弟、孙家鼐、张树声、吴长庆、刘瑞芬、周馥、胡儞芬、蒯光典、吴汝纶、江朝宗、姜桂题、段祺瑞、徐树铮、倪嗣冲、孙毓筠、柏文蔚、胡适等都在会馆里留下了身影。李鸿章曾在馆中频繁参加集会，并接待外国使臣。

戊戌变法时，康有为等人认为在安徽会馆内组织活动，更能接近朝廷的当权者，取得他们的支持，所以就渗入到安徽会馆内，请皖籍官员孙家鼐帮助弄了几间房作为维新派团体强学会的会址和办报纸之用。逐渐同情变法的李鸿章则暗中支持康有为。所以，安徽会馆成为戊戌变法的一个策源地。

民国时代，安徽会馆又成为了北洋皖系势力的一个重要据点。

这所安徽会馆是中国会馆史上一所不寻常的官绅会馆，是一所在晚清民初政治史上起过重要作用的官绅会馆，因而具有重要的历史价值。

十、京师试馆与地方试馆

京师试馆

试馆是接待科考试子的会馆。京师和地方上都设有试馆。

京师的试馆（官绅试子会馆）极多，但在文献上直接写明是“试馆”的会馆并不多。清人震钧《天咫偶闻》卷二云：“于忠肃祠，在裱背胡同。芜废已久，近始重修，浙人逢春秋闱，居为试馆。”于忠肃祠是明代民族英雄于谦的祠堂，建在北京东部的裱背胡同（即后来的西裱褙胡同），清代曾被浙江举子用为试馆。这是一处文献明确标明了“试馆”字样的会馆。

北京试馆的特点，一是数量多，二是级别全。

试馆数量多，源于进京应考的试子数量多。从明朝永乐至清朝光绪三十年（1904）科考终止，在北京先后举行过会试、殿试201科，入京参加考试的举子达120多万人次，每科应试的人数有六七千人，若再加上一些随行人员，每科入京的举子及随从多达上万人。这么多人都需要住处，这就出现了大批为他们服务的试馆。北京试馆的数量之多，也就是很自然的了。

各个省府州县都希望本地进京参加考试的试子越多越好，这样会使本地入官的人数增多，从而获取更多的“地方政治利益”，所以，对于在京设立本乡的试馆都抱以相当积极的态度，以致形成各省府州县争相建立试馆的态势，由此引发了建馆费用的上涨。乾隆时刊行的汪启淑《水曹清暇录》云：“数十年来，各省争建会馆，甚至大县亦建一馆，以致外城房屋地基，价值腾贵。”所说的“争建会馆”，多数应是争建试馆。这种争建试馆的现象，成为各地对科第集体竞争的象征之一。

北京试馆的级别很全，省、府、州、县试馆都有。省级试馆是北京所独有的。许多省份在北京三级试馆都有，如安徽有省级的安徽会馆、府级的徽州会馆、县级的绩溪会馆。

据说北京的贡院，因会试每隔三年才举行一次，所以有时也被用来作为试子会馆使用。

光绪时居京的夏仁虎在《旧京琐记·考试》中曾谈到北京试馆里试子居住的情况："北京市面以为维持发展之道者有二：一曰引见官员，一曰考试举子。然官员引见有凭引期限，其居留之日短。举子应考，则场前之筹备，场后之候榜，中式之应官谒师，落第之留京过夏，远省士子以省行李之劳，往往住京多年，至于释褐。故其时各省会馆以及寺庙客店莫不坑谷皆满……"可以看出，许多举子因备考、候榜、谒师等各种原因长期在试馆里居住，试馆住满了，只好到寺庙、客店等地方居住。

各会馆都希望本地试子能考出好成绩，为桑梓增光，所以馆方都会尽力提供周全的服务，试子都会受到格外的照顾。许多试馆的规约上都规定了住宿要以科考者为重即试子优先的内容。比如，建于乾隆年间的京师福建龙岩会馆规定："住馆之例，京官让候补、候选，候补、候选者让乡试、会试、廷试，不得占住，以妨后人……"又如嘉庆年间《泾县会馆新议馆规》规定："议会馆凡乡、会试、赴选及一切正务来京者，俱得居住，其遇乡、会试年份，如本邑应试人多，凡住馆者即当搬让。如有占住迟延不让者，公同辞出。”在应试期间，如果试馆的馆舍不敷使用，会馆便会请官绅等其他人等为试子腾地方。这完全体现了试子优先的原则。

地方试馆

京师以外的各地方，由于一般人们对科举制度的重视，凡是人文经济不太落后的地区，都会尽力建立试馆，以供学子考试之用。各省、府、县要举行院试、府试 、县试，便会在省会、府城、县城中建立试馆。

但历史上留下的关于各省府县试馆的资料很少。何炳棣在《中国会馆史论》中谈到了这种资料少的情况，并对他所见所闻的试馆情况做了记录，他说：

> 一般方志既不提当地在京师所建的会馆，自更忽略当地为童生赴府城投考生员而设的府城试馆，和为生员赴省城投考举人而设的省垣试馆。
>
> 但方志中亦偶有记载，如广东顺德在乾隆期间于广州城外建有“邑馆”，“诸乡绅及赴试文武生童必于此雇夫挑装入城”。湖南邵阳于道光甲申（1824）在长沙建立省城“试馆”。湖南湘乡和酃县亦皆有省垣试馆。同治1873年版《酃县志》刊刻有该县

在省垣长沙所建试馆图，正门有“鄮县试馆”匾额，正厅有“共登青云”匾额，后厅匾额镌有捐款建馆人姓名，创于道光三年（1823）。民国《临海县志稿》刊有杭垣《临海试馆征信录》全文，为记载省垣试馆最详文献。惟该县在杭两所试馆均迟迟于光绪二十五年（1899）始行创建。

忆及幼时先严偶谈家乡故实：金华一府八县，除金华系府城无需府试馆外，其余七个属县在府城似皆有试馆。全府中至少金华、兰溪、义乌、东阳、永康五县在杭垣均设有会馆。所经涉猎文献中，省垣试馆设立最早者为南昌之乐平试馆。……鄱阳本身虽系府城，仍有“郡城试馆”，嘉庆十三年（1818）重建扩充。吉安府属的泰和县当同治期间在南昌已设有试馆五所，曰“泰和试馆”“云亭试馆”“琼林试馆”“书升试馆”“五六试馆”。“五六试馆”为该县五十六都（注：县与乡之间的一级行政区划）人士所独建，专为该都赴省乡试试子所设。

可以看出：试馆都是省府县当地人士捐款修建的；试馆悬有匾额，内容为鼓励士子考中的话；金华是经济比较发达、人文风气较盛的地方，故全府各县皆设有试馆；县乡之间都一级的人士设立试馆的积极性非常高。

清代福州的会馆很多，其中试馆占有相当的比例。如连城县多姓人士为解决科考试子住宿困难，纷纷集资在福州设立了“姓氏试馆”，大约建有黄、罗、李、张、杨、项等各姓的试馆近十所，如“黄氏试馆”“罗氏试馆”等。为方便试子就近考试，这些试馆的地点多建在全闽科考考场贡院的附近，考生可以不必担心住处离考场远而误事，从而可以静心在试馆里揣摩自习。罗氏试馆就设在贡院埕左营司巷内，馆舍在连城诸试馆中是最宽敞的。

据历史学家、福州人傅衣凌回忆，他的曾祖在福州吉庇巷见过永定试馆，在衣锦坊有永泰鄢氏试馆。试馆对于家道贫寒的试子多给予经济资助和生活照顾。有的试馆还邀请教席为试子辅导。

一个郡邑在京师和地方上所建试馆之多寡，反映了该郡邑人文的盛衰和经济发达的程度，反映了该郡邑人们对科举制度的态度和人生价值的取向。

十一、以馆兴商的商帮会馆

商帮会馆是行帮会馆的一种，是商人所建立的会馆。在各种行帮会馆中，商帮会馆比较高级一些。

明清时期，由于工商业的发展，商业利润的增加，以及贩运商人的“占籍”（上报户口，入籍定居），使得客籍商帮在营商地的实力大增。为确保、巩固和拓展商帮利益，也为获得储存货物的空间等需要，这些商帮建立了自己的会馆。

徐珂《清稗类钞·农商类·客帮》云：“客商之携货远行者，咸以同乡或同业之关系结成团体，俗称客帮。有京帮、津帮、陕帮、山东帮、山西帮、宁帮、绍帮、广帮、川帮等称。”这些商帮，或是同乡人（有时兼血缘）结帮，或是几地的同业人结帮。他们建立起的会馆，就是商帮会馆，也叫工商会馆、货行会馆等。商帮会馆都建在工商业发达的城镇，数量是相当多的。如《颜料行会馆碑记》云：“京师称天下首善也，货行会馆之多，不啻什佰倍于天下各外省；且正阳、崇文、宣武三门外，货行会馆之多，又不啻什佰倍于京师各门外。”京师是北方的商业中心，是一座繁华的消费城市，因而各地商帮大都要到京师做生意，故京师的商帮会馆相当多。

商帮会馆的名称多标以行业名，如“药业会馆”“成衣行会馆”“当商会馆”“靛行会馆”等，这既是商帮组织的名称，也是其办事机构的称谓。商帮会馆与官绅会馆在建馆资金上有一个重要区别，就是许多商帮会馆“为私人合资所成立，与各省会馆由公众筹捐而成立性质迥殊”（《北京仙城会馆简章》）。

商帮会馆是一种近世行会组织，比起封建社会的旧式行会要高级一些。旧式行会的主要经济功能是限制同行间的竞争，保护本行从业者的利益。近世商帮会馆产生以后，随着外国资本的冲击和本国民族工商业的兴起，传统工商业面临挑战，商帮会馆的条款中开始渗入一些现代因子，出现了传统与现代的过渡格局。20世纪50年代，商帮会馆被史学界作为行会研究时，被当作了资本主义萌芽的一个指标。

商帮会馆是商帮的活动中心，其功能很多。不少功能与官绅会馆和试子会馆的功能相同，如联谊、祀神、娱乐、慈善等。但作为商业性会馆，其经济功能，即为兴商而服务的功能更为明显，如互通商情、共议行规、互相帮助、协调纠纷、约束行为等。会馆中还可以存放货物，成交后再运走。有的会馆还兼任中介人，具有牙行的作用。晋商会馆的碑记写道：晋商会馆是晋帮

“叙语之地，正可坐论一堂，以谋商业之公益”；凡“通商之事，咸于会馆中是议”。可见商帮会馆是商帮最重要的议事场所。

商帮会馆在维护本业本帮利益和协调工商业者彼此间的关系，以及约束不良行为等方面，起着很大的作用。这从以下三方面可以看出来：

一、制定行规，强调商德。商帮会馆作为行会，对行规的制定非常重视，如制定“通用货币行市”“度量衡”“包装”“折让”“买卖价格”“用人雇佣法”“货税务”“罚款”“货物损毁赔偿”等多方面的规矩。对于商德，商帮会馆更是非常重视，他们知道要想兴商发财，讲究商德是第一位的。所以商帮会馆的条规中大都有关于商德的条款，要求商家重视商业信誉，买卖公平，取信于民等。如苏州潮商会馆的碑记云："公平处事，则大小咸宜；忠信相孚，则物我各得。"

二、违规处罚。例如，道光八年山西平遥颜料商所立《颜料行会馆碑记》云："近来人心狡猾，广有买卖之油不以实数报行。倘有无耻之辈，不遵行规，缺价少卖，隐藏篓数，异日诸号查出，甘心受罚，神前献戏一台，酒席全备，不得异说。如若不允，改以狡猾，自有合行公论。倘然稽查不出，愧心乱规，神灵监察不佑。警之，戒之。"可见这所晋商颜料会馆执行行规的严格和处罚的力度。

三、仲裁会员间的纷议。会员在发生纠纷时，须由会馆董事仲裁；事情重大者，更召集全体会员来公同评判是非曲直。这种仲裁和集议有很大的强制力。会员若不把纷争案件交与会馆办理，而是一开始就诉之于法庭，那么会馆便要处罚他。倘会员与外界发生争执时，必须先诉之于会馆，由会馆为之出头处理，以免会员因势单力薄受人欺侮。

商帮会馆的建立，为商帮发展创造了有利的条件，促进了其事业的兴盛。例如，河南怀帮会馆，是河南怀庆府所属各县在禹县进行中药贸易的巨商富贾集资兴建的，由于会馆组织严密、管理得法，为怀帮药商的兴旺起了很大作用。会馆的建筑也不断得到修葺扩大，最后形成一所规模宏阔的建筑群，至今犹存。观其建筑，就可想见当年怀庆商帮之强盛，怀药贸易之兴旺。

商帮会馆里有一种比较特殊的会馆——骡马帮会馆，这是搞长途贩运的骡马帮设立的。骡马帮是贩运商的一种，他们为了自己的行业利益，在商业重镇特别是陆路、水运交汇点建立了自己的会馆。现存最典型的骡马帮会馆有陕西漫川关镇的骡马会馆、陕西丹凤县的马帮会馆和湖北麻城县的乘马会馆。

十二、四川的移民会馆

移民会馆是人口流动迁移的产物。明清以来，移民史的主角是三支移民大军，一是“江西填湖广”“湖广填四川”，一是关内移民关外，一是闽粤移民台湾和海外。进入四川的移民，是湖广（湖南、湖北）、江西、福建、广东、陕西等十几个省的百姓。移民过程长达一二百年。

在移民过程中，客籍和土籍群体之间，不同地域的移民之间，不可避免地会在生存空间、经济利益和文化风俗等方面发生纠纷和矛盾，为了免受土籍和其他地域移民的欺侮，为了自强和发展，移民会馆便应运而生。

移民会馆的数量与移民的数量呈正比关系。移民最多的时候，也是移民会馆建立最多的时候。定居某地的外籍移民越多，在该地所建会馆的数量就越多。

四川的移民会馆是最多、最典型的。在湖广等地的移民进入四川后，清朝时四川的会馆多达1400多所，其中以湖广籍会馆的数量最多，据《清代四川移民会馆统计表》，湖广籍会馆多达477所。上面这两个会馆数字说明，清朝时进入四川的移民的数量是巨大的，移民中又以湖南、湖北人最多，正应了

“湖广填四川”一语。两湖人以外，广东人、江西人进入四川的也极多，所以，广东籍和江西籍的会馆数量仅次于湖广籍会馆。

组成移民会馆的纽带，与一般官绅试子会馆一样，也是靠乡谊，但这个乡谊更为炽烈，更加强韧，因为移民他地与暂时性居住异地不同，移民们是需要长期与异地的困难（甚至险恶）环境相处的，所以乡谊就更加可贵。此外，有的移民会馆的组成还有血缘性纽带，因为移民多是家族性的，一所会馆里常常是同乡的几大姓人士。

移民会馆有组织得严密和松散两种情况。

组织得比较严密的，如“七姓万

寿宫会馆”。清朝雍正、乾隆年间，江西有一批移民在贵州清水江流域的小江地区安家落户，经营木材贸易和以小手艺谋生。他们主要由江、张、曾、王、戴、肖、熊等七大姓氏组成。当地土籍人称他们为“江西帮”。他们创建了自己的移民会馆，取名万寿宫，也叫万寿宫会馆。为创建万寿宫，江西帮各姓都出钱入股，入股后就成了股东，可以享受会馆财产。这几大姓人士还拜把子结为异姓兄弟。会馆的契约这样写道：

吾等万寿宫数姓为不受异姓寨头恶棍之欺凌，示嘱后人务须奉公守法，团结一致，发扬祖宗忠厚老实良民作风。故我辈念江西之根本，自愿组合，筹措资金创业，以备后人祭扫之用。协议规章定为：万寿宫会馆内人百年仙逝后的一切财产，有房归房，无房归馆。在生应视同骨肉，互相帮助，解决困难。违背诺言者，群起而责之，弃也。

可以看出，这个移民会馆的建立，既靠乡谊，也靠血缘，建馆的直接原因是因为受到了外人欺侮，需要团结起来共同维护自己的利益。契约写明，入馆是自愿的，资金是大家筹措。契约对馆人提出了奉公守法、发扬本籍和宗族优良作风的要求。对于违规者，契约做出了如何处罚的决定。

从这个案例可以看出，组织得严密的移民会馆是一种掺杂了血缘因子的，具有高强度乡谊联接成的会馆。这种移民会馆的内部团结是很稳固的，对外部的行动自然也是很一致和有力的。

但像“七姓万寿宫会馆”这种组织得比较严密的会馆数量并不很多，大部分移民会馆都是组织得相对松散的同乡会馆。这种移民同乡会馆与一般的同乡会馆并没有很大不同。这些移民会馆的负责人一般叫客长，又称客总、总领、会首，下设首事若干人，负责管理会馆的具体事务。客长的地位非常显赫重要，“客长为官民上下之间枢纽，非公正素著之人，不能膺是选”。

移民会馆的功能和活动，与一般

的同乡会馆相似，没有很大差别。但有一点很突出，就是祭祀乡神和乡贤更为虔诚。民国《灌县志》说：“县多客籍人，怀故土而会馆以兴。彼各祀其乡之闻人，使有统摄，于以坚团结而通情谊，亦人群之组织也。”所谓“闻人”，即乡神乡贤。这是说，移民会馆建立的起因，是为了化解乡愁和促进同乡间的团结，而供奉乡神乡贤，就能够把一乡之人“统摄”（统领）起来，团结起来。乡神乡贤成了移民们相互认同和抱团的粘合剂。

在移民会馆里，祭祀乡神的活动总是很热烈的，有时场面相当盛大，馆人虔诚地祈求乡神能够保佑自己在第二家乡安居乐业、万事顺利。

十三、会馆里的乡土情结

同乡会馆的碑记常会引用一句《诗经》，曰："维桑与梓，必恭敬止。"这种桑梓之情，或曰乡土情结，是中国人的普遍心理。这种心理在同乡会馆里体现得尤为明显。这可以从馆人的乡土荣誉感、衣锦还乡心理、魂归故里的祈望及对异乡人的疏离感等几方面看出来。

乡土荣誉感

乡土荣誉感，是生长在乡土社会的中国人普遍具有的一种热爱故乡、以家乡为荣的情结。同乡会馆里的人们更是会时常念起故乡的美好和荣耀。

在同乡会馆里，总是洋溢着一种热爱和赞美故乡的气氛。比如在会馆建筑上，常可见到夸赞故乡如何好的楹联。京师四川会馆有一副楹联，上联赞美风土："此地可停骖，剪烛西窗，偶话故乡风景。剑阁雄，峨眉秀，巴山曲，锦水清涟。不尽名山大川，都在眼底。"下联赞美人物："入京思献策，扬鞭北道，难望先哲典型。相如赋，太白诗，东坡文，升庵科第，行见佳人才子，又到长安。”一种爱恋故乡山川人杰的自豪感洋溢在字里行间。

某地人文兴旺，会馆里的乡人便夸赞自己的故乡是文教之邦。《新建广东南海县会馆碑记》云：“晋郭璞言，南海盛衣冠之气。盖金山珠海，扶舆磅礴，人文辈出，共奋功名……”这是南海会馆的乡人在夸耀本县人文之气兴旺。在文风较弱的地方的会馆里，乡人也并未减其自尊，也深觉家乡自有值得自豪之处。《苏州新修陕西会馆记》云：“吾乡土厚水深，风醇俗朴，人多质直忼爽，词无支叶，不侵为然诺，意所不可，不难面折人非，而胸中朗朗，无几微芥蒂。以故四方之士，乐其易与而谅其心。”这些陕西籍乡人觉得，家乡的这种诚朴之气不是一样值得自豪吗？

试馆里若有举子中了进士或鼎甲，馆人便视为家乡的巨大荣耀，会馆里一定要设宴演戏庆贺。“凡得鼎甲省分，是日同乡京官开会馆，设宴演戏，遍请以前各科鼎甲，迎新状元，其榜眼探花亦如之，鼎甲传胪，用大红长条贴门，与得试差同。”（李家瑞《北平风俗类征·宴集·迎状元》）“鼎甲”，即状元、榜眼、探花。若是会馆里有人中了“鼎甲”，会馆就要把馆中以前中了“鼎甲”的人请来与新科“鼎甲”一起庆祝，会馆大门上还要贴上写着高中者姓名的大红字条。有的会馆还要放花灯，舞狮子。这样热烈的庆祝是在抒发乡土荣誉感，是在向世人显示本乡是“人杰地灵”之地。

衣锦还乡

衣锦还乡，是乡土社会的中国人为自己、为家乡争脸面的一种情结。

在官绅试子会馆和行帮会馆里，经常充溢着这样一种气氛：哪个人仕途通达，或科考中式，或经营有方发了财，便会受到同乡馆人的羡慕和尊敬，这个人也因此而产生一种荣耀乡里的感觉，他们会在同乡馆人的道喜声中感到一步登天。有的会馆在馆约中规定，馆中如有人中式，好房舍马上“让与新贵入住”。在会馆里，一旦谁成了“衣锦”的新贵，还没有真正的“还乡”，就可以尝到衣锦还乡的滋味了。

魂归故里

埋骨故乡，魂归故里，是乡土情结深厚的中国人对故乡眷恋的最后表现。漂泊在外地、住在同乡会馆里的人们的这种情结是非常强烈的。

为了帮助同乡归骨故乡，许多同乡会馆都设有停柩之所（称为“阴会馆”“仪馆”），并承担协助死者家属运柩回乡事务。北京文昌会馆《文昌殿神炉记》云：“本会积有余款时，拟买义田，并拟建筑屋宇，以备同业之在北平亡故者，停厝有所，其贫无力者，悉得归骨故乡。”吴江《徽宁会馆碑记》云：“以俦侣众多，或不幸溘逝，设积功堂，置殡舍，权依旅榇，俟其家携带以归。”同乡会馆为使馆人死后能归葬故土，大都要下这样一番集资、买地、建殡舍的功夫。

如果故去的馆人不能归葬家乡，会馆则负责安葬在会馆所设的义园里。义园也叫义冢、义地，是会馆购置的专门安葬同乡人尸骸的坟园。能葬在乡人的义园里，也权且算是魂归故里了。会馆大多设有这种义园。如北京银号会馆“创作义事于永定门外，立土地祠旁有隙地为义冢，乡人殁而无归者，皆殡焉”。“每岁又有祭孤、修茔诸善举，莫不井井有条。”（《重修正乙祠碑记》）不但妥善安葬同乡亡人，还有祭奠死者、修坟扫墓之举。

对异乡人的疏离感

中国人的乡土情结，有时还表现为在热烈团结同乡的同时，对异乡人的疏离、隔阂，甚至排斥。全汉升《中国行会制度史》在形容异乡人之间的疏离感时说：“他们心目中的他乡人几与异种人无异。”

清代咸同年间，经营书业的江西帮在北京琉璃厂建有文昌会馆，光绪中叶以后，河北帮经营书业者渐多，足与江西帮抗衡，“而往文昌馆拈香者，辄被江西人所拒绝，北方书贾愤甚”，遂集资另建了一处文昌会馆，与之对峙。从这件事可以看出河北帮与江西帮之间的隔阂。

异乡人之间的疏离、隔阂，严重的可以发展到互相殴杀的程度。清人朱克敬《暝庵杂识》卷一记载了嘉庆年间湘潭发生的一起江西人与湖南人相互殴杀的事件。湘潭居交通要地，湘赣两省商贾汇集，其地有江西会馆，岁时演剧饮宴。湖南人入馆看戏时，与江西人发生争执，“江西人潜招其众，合门共击湖南人，死者数百，伤未殊者，缚之。于是市人讹言曰：‘尽杀湖南人矣，烹于镬矣，钉于柱矣，割舌而醢之矣。’……于是湖南人皆愤相告，民商、舟人数万，共毁江西人店肆，遇江西人即击杀之，奔哄喧呼，数日不绝。桥津关市，必考其音，非江西人乃得过，往往误死。……时论者皆谓当多杀湖南人”。仅仅是会馆里发生的一件小事，同乡人便竟至万众动员，以死相拼，可见异乡人之间的心理隔阂有时会深重到何等程度。这种异乡人之间的隔膜，是乡土情结中的不良成分，是封建性的糟粕。

十四、会馆里的历史印记

作为议政场所的会馆

按照会馆的宗旨和章程，会馆本来是不参与政治的，但时代的潮流也会把一些会馆卷入到政治风云中。

由于会馆是民间自治组织，是民办的生活性场所，所以政府的管理比较松弛，馆人可以在会馆里比较自由地进行各种活动，包括政治活动，如写政论文章、办报刊、设立社团、聚会讨论和开大会演讲等。这些活动一般不会受到政府和军警的干预。明清民国时代，社会上极少有可以用作开会的较大的厅堂，而不少大会馆则有相当宽敞的厅堂和院落，这为举行政治集会和演讲提供了条件。住馆的官绅士子在朝堂上衙门里和一些公共场合不便议论的话题，不敢发表的意见，都可以在会馆里议论，会馆成了他们议政的好场所。北京是政治中心，政治信息和政治话题非常多，这使北京的许多会馆成为政治信息的传播地和政治话题的讨论场所。

关于在会馆里议政的情形，一般的文献史料是不记载的，但在晚清历史小说中却有比较真切的描写。曾朴《孽海花》就写了一大段官员聚集在江苏会馆里议政的情景：

唐卿送客后……直向米市胡同江苏会馆而来。到得馆中，同乡京官都朝珠补褂，跻跻跄跄的挤满了馆里的东花厅……唐卿便先开口道："这几天中堂为国宣劳，政躬想必健适，行旌何日徂东？全国正深翘企。"美菽道："战局日危，迟留一日，即多一日损失，中堂也迫不及待，已定明日请训后，即便启行。直蜚道："言和是全国臣民所耻，中堂冒不韪而独行其是，足见首辅孤忠。但究竟开议后，有无把握，不致断送国脉？"……弓夫道："海军是中堂精心编练，会操复奏，颇自夸张。前敌各军亦多淮军精锐，何以大东遇敌，一蹶不振；平壤交绥，望风而靡？中堂武勋盖代，身总师干，国力之足不足，似应稍负责任！”……震生忽愤愤插言道：“我不是袒护中堂……中堂思虑深远，承平之日，何尝不建议整饬武备？无奈封章一到，几乎无一事不遭总署及户部的驳斥，直到高升击沉，中堂还请拨巨帑购械和倡议买进南美洲铁甲船一大队，又不批准……诸位想，中堂的被骂，冤不冤呢？”筱亭见大家越说越到争论上去，大非敬客之道，就出来调解其间道：“往事何必重提，各负各责……以后还望中堂忍辱负重，化险为夷，两公左辅右弼，折冲御侮，是此次中堂一行，实中国四万万人所托命，敢致一觥，为中国前途祝福！为中堂及二公祝福！”筱亭说罢，立起来满饮了一杯。大家也都饮了一杯。美菽和赤云也就趁势告辞离了江苏会馆，到别处去了。这里同乡京官也各自散归。

这段描写，仿佛是一幅京官在同乡会馆里议论国事的图画。《孽海花》是一部写实性很强的小说，小说中的人物事件多是有史实根据的，因而有一定的史料性。这段描写中的人物都是有原型的，如唐卿是曾任工部左侍郎的汪鸣銮，美菽是曾任直隶候补道的马建忠，直蜚是曾任翰林院修撰的张謇，弓夫是曾任直隶提法使的翁斌孙，震生是曾任汉中府知府的杨崇伊，筱亭是曾任翰林院编修的费念慈。这些官员所议论的话题是，如何处理中日关系，如何看待甲午战争和如何评价李鸿章，都是最前沿的国家大事。他们议论风生，毫无顾忌，一派自由议政的景象。可以认为这段描写多少反映出了一些清代会馆中议政的实际情形。

会馆里的政治活动

会馆被卷入政治风云中，主要有两种情况，一是会馆成为进行政治活动的地点，二是会馆直接出面参与政治活动。

第一种情况以北京宣南的一些会馆最为典型。

戊戌变法是在京的维新志士发动的，参加者都是有变革思想的官宦士大夫，这些人中很多都住在北京宣南的会馆里，所以，戊戌变法与北京宣南的会馆有着密切的关联，北京宣南的会馆成了戊戌变法的重要发生地。下面几所会馆与戊戌变法的关系最为紧密。

1. 安徽会馆（在后孙公园）。这所会馆是戊戌变法的策源地之一。维新派的第一份报纸《万国公报》（后易名《中外纪闻》）是在安徽会馆创办的。维新派的第一个政治团体强学会也是在安徽会馆成立的。维新派人士经常到安徽会馆演说。这里一度成为维新派人士的活动中心。

2. 南海会馆（在米市胡同）。这所会馆也是戊戌变法的一个重要策源地。变法领袖康有为在这里与维新党人策划过变法方案，写过不少变法雄文，著名的公车上书的万言书，就是在会馆内他的住所七树堂写成的。康有为还在南海会馆组织旅京广东同乡成立了维新组织粤学会。“戊戌六君子”之一、康有为的弟弟康广仁，是在南海会馆被捕的。

3. 粤东新馆（在南横街）。该会馆是维新变法运动的重要场所。康有为、李盛铎发起的全国性政治团体保国会在粤东会馆戏楼召开成立大会，康有为发表了激动人心的演说，号召国人起来拯救民族危亡。该会以“保国、保种、保教”为宗旨，推进变法维新活动。馆内曾有民初政治活动家叶恭绰手书的“戊戌变法前聚议所”匾额。

4. 河南会馆（即嵩云草堂，在达智桥胡同。）。这里是康梁发起成立的强学会的重要活动地点。1895年公车上书时，嵩云草堂与同在达智桥胡同的松筠庵一起做过各省举子集会、签名的场所。保国会曾在嵩云草堂开会，梁启超因病未能出席，以笔代舌，作了书面演说。

5. 浏阳会馆（在北半截胡同）。这里是维新志士谭嗣同的住所。他曾为住所命名为“莽苍苍斋”，并题写了一副门联："家无儋石；气雄万夫。"康有为造访，谓此联锋芒太露，易遭不测，谭嗣同遂改为："视尔梦梦，天胡此醉；于时处处，人亦有言。"他在这里写了许多文章，提出一系列变法维新主张。他是在浏阳会馆中被捕的。

6. 云南新馆（在珠巢街）。这所会馆是云南维新派的重要活动场所。维新组织滇学会、保滇会的会址都在该会馆。

7. 闻喜会馆（在赶驴市）。这里是"戊戌六君子"之一杨深秀的住所。他是在该会馆被捕的。

8. 四川会馆（在棉花上七条）。这里是"戊戌六君子"之一杨锐的住所。杨锐等人组织旅京四川同乡在四川会馆成立了维新组织蜀学会。杨锐是在该会馆被捕的。

9. 福建会馆（在宣外大街）。林旭、张铁君等人组织旅京福建同乡在福建会馆成立了维新组织闽学会。

从维新派在会馆中进行的各种政治活动可以看出，北京宣南的会馆完全可以称为“戊戌维新运动的摇篮”。

慈禧太后是戊戌变法的死敌，她不仅对维新派人士十分仇恨，据说对宣南的会馆成为维新人士的活动场所也十分不满。慈禧后党孙毓汶得知“公车上书”的签名者达1300人之后，曾要求各会馆对举子进行恫吓。

清代民国以来，北京的会馆里还有过其他许多政治活动，发生过许多重要的政治事件。例如：

1. 河南会馆（即嵩云草堂，在达智桥胡同。）。袁世凯进京时曾住在嵩云草堂，其受知慈禧太后的心腹、权臣荣禄，其主要准备活动是在嵩云草堂进行的。张勋等人曾在嵩云草堂秘密筹划过清帝复辟等事宜。

2. 安徽会馆（在后孙公园）。民国初年，段祺瑞执政时期，鉴于呼吁实行地方自治的民意沸腾，国会遂酝酿恢复地方自治，安徽会馆成为旅京皖人讨论自治制度的地点。

3. 新会会馆（在粉房琉璃街）。1916年，梁启超在此起草《保国会章程》，策动蔡锷起兵反对袁世凯。

4. 香山会馆（在珠巢街）和粤东

新馆（在南横街）。1912年，孙中山到北京，曾到香山会馆参加集会，又到粤东新馆纪念粤籍英烈，宣讲革命道理。

5. 湖广会馆（在虎坊桥）。1900年，八国联军入京，美军将湖广会馆作为司令部。1912年5月，北京统一党在湖广会馆开会，欢迎“有学问的革命家”章太炎。1912年8月25日，中国同盟会、统一共和党、国民公党、国民共进会、共和时进会等组织联合组建的国民党成立大会在湖广会馆举行，公推张继为临时主席。孙中山到会发表演说，阐述了民族、民权、民生三大主义。1912年8月25日至9月15日，孙中山曾五次莅临湖广会馆，国民党成立大会为其中之一。1913年3月30日，北京国民党本部在湖广会馆召开追悼民主革命家宋教仁大会。1917年1月，梁启超在湖广会馆作《变法之纲领》演讲。1925年6月，马寅初在湖广会馆作《中英日经济关系》演讲。

6. 安庆会馆（在东铁门胡同）。1912年9月2日，孙中山应邀到安庆会馆，讲演时说："革命事业多赖报纸鼓吹，始克成功。"肯定了报界在推翻清政府的革命中的作用。

7. 酉西会馆（在杨梅竹斜街）。作家沈从文的父亲沈宗嗣与同乡阙耀翔，1914年来北京谋划刺杀袁世凯，住在酉西会馆。

8. 全浙会馆（在下斜街）。民国初年，革命报人邵飘萍、林白水曾在全浙会馆从事反对军阀的活动，被杀害后，追悼会在该会馆举行。

9. 江西会馆（在宣外大街）。军事家、护国起义主要领导者蔡锷追悼会在江西会馆举行。

10. 鄞县西馆（在福州馆街）。李大钊、王光祈曾在鄞县会馆发起成立了“少年中国学会”。

11. 湘乡会馆（在烂漫胡同）。毛泽东曾在湘乡会馆组织召开“湖南各界驱逐军阀张敬尧大会”。

12. 潼川会馆（在北半截胡同）和叙州会馆（在魏染胡同）。这两所会馆曾是中共北方局的活动地点。潼川的党员贺诚、左道之等人在潼川会馆内成立了梓光社，创办了《梓光》杂志，在北方局书记王荷波领导下进行宣传马克思主义的工作。北京市委书记赵世炎与革命志士孙炳文、任锐将叙州会馆辟为一个秘密活动地点，孙炳文和任锐在这里结婚，朱德寻找党组织，曾住在孙家。

北京有这么多会馆成为政治活动的地点，甚至政治运动的策源地，不是偶然的，因为北京是政治中心，会馆又是比较适合开展政治活动的场所，所以北京的许多会馆便成了许多政治活动和事件的发生地。

在全国各地的会馆里，也曾发生过许多值得记述的政治活动和事件。比如：

1. 福建会馆（在广东龙川县）。1923年春至1925年秋，大革命时期著名农民运动领袖彭湃曾两驻广东龙川县福建会馆，宣传革命思想，播下农民运动的火种。

2. 三山会馆（在上海中山南路）。1927年上海工人第三次武装起义中，由王若飞领导的南市起义最早胜利，并在南市三山会馆成立了“上海南市工人纠察队总指挥部”。

3. 粤东会馆（在百色右江区解放街）。1929年，邓小平、张云逸等发动百色起义，红七军军部就设在百色的粤东会馆里。邓小平亲自题写了“中国工农红军第七军军部旧址”。

第二种情况，即会馆直接出面参与政治活动，以南方的一些会馆最典型。如上海的潮州会馆（在上海阳朔路）。

上海潮州会馆的馆方，曾直接呼应和参与了一些政治事件。1925年，广州国民政府东征军讨伐陈炯明残部，收复潮汕，上海的潮州会馆急电表示祝贺，又及时捐款，并表示了声讨陈炯明罪行的态度。时任东征军政治部总主任的周恩来复电说："潮州会馆各董事先生大鉴，来电诵悉，妙语嘉言令人钦佩……诸君关心桑梓又及至国家……"可知东征军对潮州会馆的行动极表赞赏。

潮州会馆在给东征军总指挥蒋介石发的贺电中提出，由于陈炯明在潮汕的苛政，人民负担繁重，苦不堪言，要求免除一切苛捐杂税，军饷以"筹办税捐代之”。蒋介石复电说：“中正知潮民日在水深火热之中，故莅汕之初，即令免除一切苛捐杂税，并认真吏治，一个月以来，凡所设施，报端已登刊。”潮州会馆提出的要求得到了蒋介石的回应。

1925年，五卅惨案发生后，上海潮州会馆联合上海广肇公所和粤侨商业联合会的全体董事，在广肇大厅举行紧急会议，决议急电北京政府外交部，向英日两国政府提出严正交涉，以维护中国主权。上海潮州会馆所属商号，不少人参加了罢市行动，并向各地潮州会馆发出通电。

文化名人与北京的会馆

北京众多会馆的住客，文化人士占了相当的比例，在官绅会馆、试子会馆里，全是有文化的人，北京的这些会馆可谓“士乡”。会馆为这些文化人提供了相对较好的居住环境，这些文化人也提升了会馆的文化品位。许多文化名人在北京的会馆里留下了足迹，也留下了珍贵的文化遗产。略举几例。

1. 蒲阳会馆（在贾家胡同）。清代政治家、思想家、诗人林则徐曾寓居蒲阳会馆，将著文的笔润捐出用于会馆修葺。

2. 歙县会馆（在宣武门外大街）。

清代思想家戴震曾住在歙县会馆。学者纪晓岚是歙县会馆的常客，与戴震一见如故，并折节与交。马克思在《资本论》中提到过的清代货币改革家王茂荫，在歙县会馆里度过了大半生。他任京官30年，不携眷属随任，一人独居歙县会馆，以两袖清风、直言敢谏闻名。

3. 长沙会馆（在椿树三条）。清代政治家、理学家曾国藩早年为考进士，曾寓居长沙会馆读书备考。

4. 嘉应会馆（在香炉营头条）。清代外交家、诗人黄遵宪早年参加顺天乡试时住在嘉应会馆，中举后担任了当时人都不愿意干的驻外使节。

5. 泾县新馆（在南横街）。清代文学家、书法家包世臣在泾县会馆写出了谈艺名著《艺舟双楫》。陈独秀、李大钊等人创办的《每周评论》的发行所设在泾县会馆。

6. 直隶会馆（在骡马市大街）和粤东会馆（在南横西街）。清朝末代状元刘春霖住在直隶会馆，榜眼朱汝珍、探花商衍鎏同住在粤东会馆。刘春霖曾捐助直隶会馆设立了畿辅学堂。

7. 绍兴会馆（在南半截胡同）。教育家、政治家蔡元培早年在绍兴会馆居住时科考中式，获得翰林之职。鲁迅住在绍兴会馆时，写下了《狂人日记》《孔乙己》《药》《一件小事》等小说和《我之节烈观》《我们现在怎样做父亲》等杂文。

8. 湘潭会馆（在保安寺街或南官

园）和衡州会馆（在丞相胡同）。清末民初政治家、法学家杨度早年参加会试时，先后住过湘潭会馆和衡州会馆。

9. 湖南会馆（在香炉营西巷）。汉语言文字学家、教育家黎锦熙曾在湖南会馆居住。毛泽东常来此拜访这位湘潭同乡，称黎锦熙是“可以商量学问，言天下国家之大计”的良师益友。

10. 酉西会馆（在杨梅竹斜街）。作家沈从文曾住在酉西会馆。每天从会馆出发到京师图书馆分馆读书，或到琉璃厂古物商店观看文物。

11. 怀宁会馆（在阎王庙街）和潜山会馆（在山西街）。作家张恨水曾先后住过怀宁会馆和潜山会馆。他在《申报》驻京通讯社和《益世报》工作时，住家就在会馆里，会馆的生活和报馆的经历给了他写作素材和灵感，成就了他的成名作《春明外史》。

12. 东莞会馆（在上斜街）。学者、藏书家伦明，诗人、画家冼玉清，学者、藏书家张伯桢，古文字学家容庚，哲学史家、民俗学家容肇祖，北京史专家张次溪，都曾住过东莞会馆。

文化名人在北京会馆里的活动，为中国文化史，也为会馆史增添了不同寻常的光辉。

十五、会馆与戏剧

会馆与戏剧有多方面的联系。会馆对中国戏剧的发展发生过重要的影响。这种联系和影响主要表现在三个方面。一、梨园会馆是联络和团结戏剧界的重要组织，为制定戏剧界行规、协调戏剧界各方面的关系，推动戏剧发展起过重要作用。二、会馆戏楼（即会馆剧场）为戏剧的发展与革新创造了条件，为民众观戏娱乐提供了场地。三、会馆中各地人士对地方戏的需要，促进了多剧种进京，繁荣了这些剧种，并催生了国剧——京剧的诞生。

梨园会馆

清朝和民国时代，全国各地许多地方的戏剧界都建有梨园会馆。建于明末或清初的北京的梨园会馆最著名，规模也最大。

梨园是戏班的别称，出典是唐明皇在梨园教三百弟子学习音律。戏剧艺人也因此奉唐明皇为祖师。梨园会馆是行帮会馆的一种，是戏剧业的行会，也多少有点艺人“工会”的性质，唐明皇是这个组织的旗帜。梨园会馆主要是同业组织，但内部也有许多人是同乡关系。在梨园会馆里，“情义（义气）”加乡谊是凝聚和联络艺人们的纽带。以艺为尊，标榜“戏比天大”，是梨园会馆最看重的行业观念。

关于北京梨园会馆的缘起、艺人的来源和会馆的功能，史学家张次溪所编《清代燕都梨园史料》中的《燕归来簃随笔·梨园馆》做了说明：“北京梨园子弟，多来自江南田间。或因避乱，或以年荒，侨居既久，渐成土著。顾其人极重乡谊，于是有会馆、义庄诸设施，所以养生、送死、扶老、济贫也。”可以看出，梨园会馆在敦睦乡谊、慈善救助等功能方面，与一般官绅会馆、试子会馆和其他行帮会馆是一样的。但梨园会馆比一般会馆更讲究“情义”二字。“情义”使梨园会馆成为艺人们寻求平等和获得帮助的家园。哪个艺人遭遇了麻烦，甚至有难了，梨园会馆都会倾力帮助；而哪个艺人违反了会规，背离了“情义”，则会受到梨园会馆的惩罚，并为梨园行所不齿。

北京的梨园会馆有两点情况较为特殊。一是会馆是隶属于清宫内务府的，会馆的首领称为“会首”或“庙首”，由公举产生，由内务府最后裁定，并随时听命于内务府。二是北京的梨园会馆多年来一直处在建立、废止、复建的不稳定的过程中，但由于众多梨园子弟对会馆功能的需求，使这所梨园会馆一直坚持到了新中国的成立。

各地的梨园会馆，以广州的“外

江梨园会馆”最著名。这所会馆是由在广州演出的十几个外江戏班联合流寓广州的一些商帮所建立的。其建馆原因，是因为入粤的外地戏班增多，以及本地戏班的挤压，使外江班的演出生意受到极大限制，于是外江班遂成立了“外江梨园会馆”。这所梨园会馆作为行会，主要功能是行业垄断，即为保护外江班的利益，排斥竞争，实行垄断经营。这所梨园会馆的管理制度相当完备有效，还为扩大影响经常举办慈善公益活动。百余年中，这所会馆一直处在广州戏剧界的领导地位。

综观梨园会馆的作用，它在组织、团结戏剧艺人，为戏剧艺人谋利益，提高戏剧业的艺术和管理水平，推进戏剧业的发展等方面，是起了不小的积极作用的。

会馆演戏

在北京，清廷出于治安和限制旗人腐化等因素的考虑，对于演戏，一向有较严格的管理和限制。清初实行旗民分居内外城制度以后，下令内城“永禁止开设戏园”，并对外城的戏园实行禁止夜唱，这就使外城的戏园在禁演时段只能偃旗息鼓，而清廷对于在会馆中演戏则无限制。这就促成了会馆演戏的繁盛。

联谊娱乐本是会馆的一个功能，因而许多会馆都建有戏楼，有的戏楼还建得非常豪华雅致，堪称艺术品。据《北京会馆档案资料》序言称，北京的会馆中有17所建有大小不等的戏楼，其中正乙祠、湖广会馆、安徽会馆、阳平会馆的戏楼尤为有名，被称为“四大戏楼”，蜚声京城。这使会馆中人看戏有了得天独厚的条件。

除了北京，许多都市、商埠的会馆都建有戏楼。上海的会馆有戏楼18处，苏州的会馆有戏楼15处，其他如天津、烟台、聊城、洛阳、社旗、周口、成都、自贡、张掖、会泽等都市的会馆中，都建有戏楼。目前，全国还存有80座会馆戏楼。

晚清，北京及其他一些地方的会馆打破了同乡界限，实行了戏楼对社会开放营业，这使一般老百姓看戏更加方便。有不少会馆戏楼还卖女座，这对推进社会开化、妇女解放起了不小的作用。

外地人士来京，都想看家乡戏，会馆便成了大演地方戏的舞台。于是，湖广会馆唱汉剧，河南会馆唱豫剧，江西会馆唱赣剧，山西会馆唱蒲剧，广东会馆唱粤剧，安徽会馆唱黄梅戏，扬州会馆唱昆曲，河北会馆唱梆子戏，各种地方戏纷纷在有关的同乡会馆中上演。

会馆使戏剧百花齐放，也给各剧种提供了彼此交流、融合的空间，最重要的收获是促成了乾隆末年的四大徽班进京，形成了融合多剧种的皮黄戏，一个新的剧种京剧由此诞生。著名的京剧大师程长庚、谭鑫培、王瑶卿、杨小楼、余叔岩、姜妙香、梅兰芳等人，都曾在会馆戏楼演出。安徽会馆是北京作为京剧发祥地的现存唯一的文物见证。

行帮为酬答行业神护佑而请戏班演“行戏”，是会馆演戏的一个特色。“行戏”也叫“行会戏”“会戏”。梅兰芳在《舞台生活四十年》一书中，回忆了在正乙祠等会馆戏楼演“行戏”的情况：“北京各种行业，每年照例要唱一次‘行戏’。大的如粮行、药行、绸缎行……小的如木匠行、剃头行、成衣行……都有‘行戏’，大概从元宵节后就要忙起，一直要到四月二十八日才完。这一百天当中，是川流不息地分别举行的。……举行的地点，除了有些行业有固定的会馆外，大半都是假座精忠庙、浙慈会馆、南药王庙、正乙祠、小油馆……这些地方。”这些庙宇、会馆，都是有戏楼的地方。各行各业在一百天内川流不息地举办“行戏”，把戏剧艺人忙得不亦乐乎，会馆和庙宇戏楼几乎成了戏剧艺人的第二个家。

成都行帮会馆里的行戏也十分火热。清末周询《芙蓉话旧录》云：成都的会馆“凡由商建者，会戏特多，如福建、湖广、山西、陕西等馆，在太平全盛时，无日不演剧，且有一馆数台皆演者”。一所会馆里，竟有几个戏台同时演戏，可见成都的会馆演戏之火爆。

总之，会馆演戏是馆人和民众的一大快事，是中国地方戏繁荣和发展的重要推手，是国剧京剧诞生和发展的“功臣”。写中国戏剧史，是不应该忘记写上会馆演戏和会馆戏楼的。

参考书目

1.（明）朱国祯：《涌幢小品》，中华书局，1959年。

2.（明）沈德符：《万历野获编》，中华书局，1959年。

3.（明）刘侗、于奕正：《帝京景物略》，北京古籍出版社，1983年。

4.（清）汪启淑：《水曹清暇录》，北京古籍出版社，1998年。

5.（清）朱克敬：《暝庵杂识》，岳麓书社，1983年。

6.（清）震钧：《天咫偶闻》，北京古籍出版社，1982年。

7.（清）夏仁虎：《旧京琐记》，北京古籍出版社，1986年。

8.（清）李虹若：《朝市丛载》，北京古籍出版社，1995年。

9. 徐珂：《清稗类钞》，中华书局，1984年。

10. 张次溪：《清代燕都梨园史料》，中国戏剧出版社，1988年。

11. 李家瑞：《北平风俗类征》，上海文艺出版社，1985年。

12. 李华：《明清以来北京工商会馆碑刻选编》，文物出版社，1980年。

13. 北京档案馆：《北京会馆档案史料》，北京出版社，1997年。

14. 全汉升：《中国行会制度史》，百花文艺出版社，2007年。

15. 何炳棣：《中国会馆史论》，中华书局，2017年。

16. 王灿炽：《北京安徽会馆志稿》，北京燕山出版社，2001年。

17. 北京市宣武区地方志编辑委员会：《北京湖广会馆志稿》，1994年。

18. 王日根：《中国会馆史》，东方出版中心，2007年。

19. 王日根：《中国老会馆的故事》，山东画报出版社，2014年。

20. 周昭京：《潮州会馆史话》，上海古籍出版社，1995年。

21.《中国会馆志》编辑委员会：《中国会馆志》，方志出版社，2002年。

22. 彭南生：《行会制度的近代命运》，人民出版社，2003年。

23. 赵逵：《“湖广填四川”移民通道上的会馆研究》，东南大学出版社，2012年。

24. 胡春焕、白鹤群：《北京的会馆》，中国经济出版社，1994年。

25. 汤锦程：《北京的会馆》，中国轻工业出版社，1994年。

26. 白继增：《北京宣南会馆拾遗》，中国档案出版社，2011年。

27. 刘凤云：《清代北京会馆的政治属性与士商交融》，中国人民大学学报，2005年第2期。

出版说明

“新编历史小丛书”承自上世纪60年代吴晗策划的“中国历史小丛书”，其中不少名家名作是已经垂之经典的作品，一些措辞亦有写作伊初的时代特征。为了保持其原有版本风貌，再版过程中不做现代汉语的规范化统一。读者阅读时亦可从中体会到语言变化的规律。

新编历史小丛书编委会

图书在版编目（CIP）数据

会馆史略 / 李乔著 . — 北京 : 北京人民出版社，2020.2

（新编历史小丛书）

ISBN 978-7-5300-0436-4

Ⅰ. ①会… Ⅱ. ①李… Ⅲ. ①会馆公所—历史—中国 Ⅳ. ①D69

中国版本图书馆 CIP 数据核字（2019）第 101204 号

责任编辑　王铁英
责任印制　陈冬梅

新编历史小丛书

会馆史略

HUIGUAN SHILÜE

李乔 著

出　　版　北京出版集团公司
　　　　　北京人民出版社
地　　址　北京北三环中路 6 号
邮　　编　100120
网　　址　www.bph.com.cn
总 发 行　北京出版集团公司
印　　刷　北京汇瑞嘉合文化发展有限公司
经　　销　新华书店
开　　本　880 毫米 ×1230 毫米　1/32
印　　张　5.125
字　　数　42 千字
版　　次　2020 年 2 月第 1 版
印　　次　2020 年 5 月第 2 次印刷
书　　号　ISBN 978-7-5300-0436-4
定　　价　24.80 元

如有印装质量问题，由本社负责调换
质量监督电话　010-58572393